D0461385

CHAD EHLERS

Sverige Sweden Schweden

Text
Örjan Abrahamsson

Översättningar
Linda Schenck & Regine Elsässer

ALBERT BONNIERS FÖRLAG

OMSLAGETS FRAMSIDA
Stora Nassa, Stockholms skärgård

OMSLAGETS BAKSIDA
Lapporten, Abisko i Lappland

FÖRSÄTTSBILD
Regalskeppet Vasa, byggt 1626–28

EFTERSÄTTSBILD
Öresundsbron, öppnad sommaren 2000

FRONT COVER
Stora Nassa, Stockholm archipelago

BACK COVER
"Lapporten", Abisko in Lappland

INSIDE FRONT COVER
The Vasa, man-of-war, built in 1626–28

INSIDE BACK COVER
The Öresund link, inaugurated summer 2000

UMSCHLAG VORDERSEITE
Stora Nassa, Schären von Stockholm

UMSCHLAG RÜCKSEITE
Lapporten, Abisko in Lappland

INNENSEITE VORNE
Das Kriegsschiff Vasa, erbaut 1626–28

INNENSEITE HINTEN
Die Öresundsbrücke, eingeweiht im Sommer 2000

Innehåll

Skirt morgonljus över Skeppsbron och Gamla
stan. Till höger Kungliga Slottet.

Gentle morning light over Skeppsbron and the
Old Town. At the right the Royal Palace.

Zartes Morgenlicht über Skeppsbron und
Gamla stan. Rechts das Königliche Schloss.

Stockholm

Tidiga morgnar står fiskare på rad längs Stockholms ström. Från kajen vid regeringskansliet Rosenbad, till Operan mittemot Kungliga Slottet och bort till Skeppsholmen med Moderna museet svingar de sina kastspön, hoppas på napp. I få huvudstäder kan man fiska och dessutom, utan att riskera hälsan, äta fångsten. Det unika med Stockholm är inte stadskänslan utan snarast motsatsen, vattnet som skapar rymd och öppenhet. Stockholm kallas också "Nordens Venedig".

Stadens ursprungliga kärna, Gamla stan, är belägen på en strategiskt viktig holme, där den elva mil långa insjön Mälaren löper ut i Östersjön. När Stockholm grundlades på 1200-talet var det en ekonomisk knutpunkt, inte minst för inflytelserika tyska köpmän som lämnat många spår efter sig, bland annat i form av Jost Hennes "Tyska kyrkan".

Idag är Stockholm en modern metropol, ett internationellt känt och vitalt centrum för allt från nordisk design till popmusik och IT-entreprenad. Men stadens lockelse är ändå känslan av frihet, som när varmluftsballonger fyller himlen gryning och skymning under sommarmånaderna, eller när man badar i Mälarens rena vatten en julinatt. Än mer fantastiskt är kanske att se Gamla stan, Stadshuset och Södermalms höjder från vattnet, när man en vintrig februaridag vandrar över den isfrusna Riddarfjärden.

Early mornings, fishermen arrayed along the Ström Sound. From the embankment outside the Cabinet Offices at Rosenbad to the Royal Opera House opposite the Royal Palace and further on to Skeppsholmen where the Museum of Modern Art is located they cast, hoping for a bite. There are very few capital cities where you may both fish and eat your catch safely. What makes Stockholm unique is quite the opposite of its urban feeling; it is the space and the openness all the watercourses provide: Stockholm is known as "the Venice of the North".

The original city centre, the Old Town, is on a strategic islet at the very point where the 110 km long Lake Mälaren flows into the Baltic Sea. In the thirteenth century when Stockholm was founded, this spot was a hub of trade and finance, not least for the influential German merchants.

Contemporary Stockholm is a metropolis, and a centre of international renown for everything from Nordic design to pop music to dot coms. But the most enticing thing is still the sense of freedom, for example, when hot air balloons fill the sky at dawn and dusk during the summer, or when you take a swim in the clean water of Lake Mälaren on a moonlit night in July. It is also fantastic to see the Old Town, the Town Hall and the heights of Södermalm islet from the ice of Riddarfjärden on a crisp February day.

Frühmorgens drängen sich die Angler am Strömmen in Stockholm. Vom Kai beim Regierungsgebäude Rosenbad bis zur Oper gegenüber vom Schloss und hinunter zu Skeppsholmen mit dem Moderna Museet werfen sie ihre Angeln aus, hoffen, dass ein Fisch anbeißt. Nur in wenigen Hauptstädten kann man angeln und seinen Fang ohne Angst vor gesundheitlichen Schäden auch verzehren. Das Besondere an Stockholm ist nicht das Gefühl von Urbanität, es ist die Weite und Offenheit durch das allgegenwärtige Wasser. Stockholm gilt auch als das „Venedig des Nordens".

Der ursprüngliche Stadtkern Gamla stan, die Altstadt, liegt auf einer strategisch wichtigen Insel, wo der 110 Kilometer lange See Mälaren in die Ostsee mündet. Als Stockholm im 13. Jahrhundert gegründet wurde, war es ein Handelszentrum.

Heute ist Stockholm eine moderne Metropole, weltweit bekannt für alles von skandinavischem Design bis zu Popmusik und IT-Unternehmen. Aber das Verlockendste an dieser Stadt ist doch das Gefühl von Freiheit, z.B. wenn im Sommer morgens und abends überall Heißluftballons am Himmel stehen oder wenn man in einer Julinacht im sauberen Wasser des Mälaren badet. Und noch phantastischer ist es vielleicht, die Altstadt, das Stadthaus und Södermalm vom Wasser aus zu erleben, wenn man an einem klaren Februartag über den zugefrorenen Riddarfjärden spaziert.

Stockholm från luftballong.
OVAN Utsikt söderut mot Gamla stan.
TILL HÖGER I mitten Gamla stan med det
rektangulära Slottet. I bakgrunden grön-
området Djurgården med det 155 meter höga
Kaknästornet.

Stockholm from a hot air balloon.
TOP View of the Old Town in the south.
RIGHT At the center, the Old Town, with the
rectangular Palace. Djurgården green in the
background, and its 155 m high Kaknäs Tower.

Stockholm aus dem Heißluftballon.
OBEN Blick nach Gamla stan.
RECHTS In der Mitte Gamla stan mit dem
Schloss. Im Hintergrund der Park Djurgården
mit dem 155 Meter hohen Kaknästornet.

De populära park- och strövområdena på Djurgården rymmer även tivolit Gröna Lund och det kulturhistoriska friluftsmuseet Skansen.

Djurgården, with its many parks and walking paths, is also the home of the Gröna Lund amusement park and Skansen, an open air museum for cultural history.

Die Insel Djurgården ist nicht nur ein beliebter Park und Erholungsgebiet, auch der Vergnügungspark Gröna Lund und das kulturhistorische Freiluftmuseum Skansen liegen hier.

Stockholm har närmare en och en halv miljon invånare och ett rikt utbud av kaféer, restauranger och affärer.

Stockholm has nearly one and a half million inhabitants and a wealth of cafés, restaurants and shops.

Stockholm hat fast eineinhalb Millionen Einwohner und ein reiches Angebot an Cafés, Restaurants und Geschäften.

Båtarna ut till skärgården och inåt Mälaren avgår
från centrala Stockholm. På bilden till höger syns
också fullriggaren af Chapman, byggd 1888 och
Stockholms äldsta vandrarhem.

From central Stockholm boats run to the archipel-
ago or inland to Lake Mälaren. In the background
at the right, the *af Chapman*, a fullrigged schooner
built in 1888 now houses Stockholm's oldest youth
hostel.

Die Schiffe in die Schären und den See Mälaren
legen mitten in Stockholm ab. Man sieht rechts
im Hintergrund auch das Segelschiff af Chapman,
1888 gebaut; es ist die älteste Jugendherberge
Stockholms.

TILL VÄNSTER Stockholms mest kända silhuett:
Stadshuset.
NEDAN Ett nytillskott i Stockholmssilhuetten:
den enorma vita Globen som rymmer 16 000
åskådare.

LEFT The most famed Stockholm silhouette,
the Town Hall.
BOTTOM The white Globe stadium for 16,000
spectators, a new point on Stockholm's skyline.

LINKS Die bekannteste Ansicht Stockholms:
das Stadshuset.
UNTEN Neu in der Silhouette Stockholms: die
riesige, weiße Kugel Globen, eine Mehrzweck-
halle mit Platz für 16 000 Zuschauer.

Stämningsfullt kvällsljus över Mariaberget
på Södermalm där de vackra, välbevarade
1700-talshusen klättrar uppför branten.

Poetic evening light over Mariaberget, on
Södermalm, with lovely, well-preserved 18th
century houses scaling the cliffside.

Abendstimmung über dem Mariaberget auf
Södermalm mit schönen und gut erhaltenen
Häusern aus dem 18. Jahrhundert.

Riddarholmen med Riddarholmskyrkan som grundades av franciskanermunkar på 1200-talet. Riddarholmskyrkan är sedan medeltiden kunglig gravkyrka.

Riddarholmen, a tiny island with its own Riddarholm church, founded by 13th century Franciscan friars, and housing the graves of the royal family since the Middle Ages.

Riddarholmen mit der Riddarholmskyrkan, die im 13. Jahrhundert von Franziskanermönchen gegründet wurde. Sie ist seit dem Mittelalter die königliche Grabkirche.

Skeppsholmen blev 1634 Stockholms örlogssta-
tion. Numera är det ett populärt promenadstråk
med det nybyggda Moderna museet som
huvudattraktion.

In 1634, Skeppsholmen became the Stockholm
naval station. Today it's popular for a stroll, and
houses the new Museum of Modern Art.

Skeppsholmen wurde 1634 Marinestützpunkt.
Heute ist es ein beliebtes Ausflugsziel, Haupt-
attraktion ist das neu erbaute Moderna Museet.

OVAN Finlandsfärjorna är ett välbekant Stock-
holmsinslag. I förgrunden Carl Milles staty
"Gud fader i himmelsbågen" vid Nacka strand.
TILL HÖGER Östermalm i förgrunden. I mitten
till vänster Djurgården med Gröna Lund och
det berömda Vasamuseet.

TOP The ferry to Finland and Carl Milles'
statue "God the Father in the heavenly spheres",
at Nacka Strand.
RIGHT Östermalm front, Djurgården centre,
with the amusement park and the Museum of
the Vasa, man-of-war.

OBEN Die Finnlandfähre und Carl Milles
Skulptur „Gott Vater in Himmelsgewölbe" am
Strand von Nacka.
RECHTS Vorn Östermalm, in der Mitte links
Djurgården mit Gröna Lund und dem berühm-
ten Vasamuseet.

En fantastisk men inte ovanlig Stockholmssyn: fiskare i vattnet nedanför Strömparterren vid Stockholms Slott.

An amazing but not unusual sight in Stockholm, fishermen near the Royal Palace on the Stockholm Sound Embankment.

Ein phantastischer und gar nicht so ungewöhnlicher Anblick in Stockholm: Fischer im Wasser unterhalb der Strömterrasse beim Schloss.

Morgonljus över Nybroviken.   Morning light on Nybroviken.   Morgenstimmung über dem Nybroviken.

TILL VÄNSTER Under riktigt kalla vintrar fryser Riddarfjärden till is – och blir promenadstråk!

NEDAN Strandvägen kantas av båtar – många är permanent förankrade.

LEFT In really cold winters Riddarfjärden freezes solid and is great for walking.

BOTTOM Boats dock along Strandvägen – many are permanently anchored there.

LINKS Wenn der Winter richtig kalt ist, friert der Riddarfjärden zu – und man kann auf dem Eis spazieren gehen!

UNTEN Der Strandvägen wird von Booten gesäumt – viele sind hier fest verankert.

Riddarholmen med några av Stockholms äldsta adelspalats som numera ägs av staten. Från Riddarholmen lägger också Göta-kanal-båtarna mot Göteborg ut.

Riddarholmen, with some of Stockholm's oldest noble homes, today state-owned. Riddarholmen is also where the boats heading for Göteborg on the Göta Canal put off.

Auf der Insel Riddarholmen liegen einige der ältesten Adelspalais, die heute dem Staat gehören. Vom Riddarholmen legen auch die Göta-Kanal-Boote nach Göteborg ab.

Göta kanal

Via Göta kanal kan man åka båt från Stockholm i öster till Sveriges andra stad Göteborg i väster utan att behöva ta omvägen över Östersjön. Redan på 1500-talet planerades en kanal genom Sveriges inland för att undgå tyska Hansans skatter och danskarnas Öresundstull. Först flera sekler senare blev drömmen verklighet. Göta kanal öppnades 1832 och nyttjades intensivt under drygt hundra år. De varor som fraktades säger något om Sveriges utveckling från fattigt jordbrukarland till modern industrination. I början dominerade spannmål, salt, sill och, naturligtvis, brännvin. Senare trä- och pappersprodukter. Vid 1900-talets början fraktades olja, kol, koks och malm. Numera fraktas mest turister.

Sedan 1950-talet är Göta kanal främst en rekreationskanal, en turistattraktion för den som vill uppleva ett annorlunda Sverige, i maklig, rofylld takt. Det är närmare 20 mil mellan den första slussen vid Mem vid Östersjön och den femtioåttonde och sista slussen i Sjötorp vid Vänern. Sedan återstår ytterligare 20 mils färd genom Trollhätte kanal och nedför Göta älv innan man kan stiga iland i Göteborg. Kanalbolagens kryssningar tar fyra eller sex dygn. Med egen båt kan man slussa sig fram snabbare. Eller varför inte, ja hellre, betydligt långsammare.

To journey by boat from Stockholm to Göteborg, Sweden's second largest city, there is no need to travel via the Baltic sea – you simply take the Göta Canal. Although the idea of an inland canal came into being as early as the sixteenth century, to avoid taxation by the Hanseatic League and Danish customs fees in the Öresund waters, it took centuries to become reality. Inaugurated in 1832, the Göta Canal was used intensively for over a century. The kinds of produce and goods transported indicate the transformation of Sweden from a poor agrarian nation to a modern industrial one: first there was grain, salt, herring and, of course, aquavit. Later there were forestry and paper products, and in the early twentieth century oil, coal, coke and iron ore. Today, passengers dominate.

Since the 1950s, the Göta Canal has mainly been used for recreation, a way for tourists to experience a different side of Sweden at a leisurely pace. The distance between the first lock, Mem at the Baltic shore, and the final one, Sjötorp at Lake Vänern, is nearly 200 kilometres. Then there are another 200 kilometres before Göteborg. The cruises take four or six days, but you can pass through the locks more quickly in your own boat, or more slowly instead, if you choose.

Auf dem Göta Kanal kann man mit dem Schiff von Stockholm im Osten nach Göteborg im Westen fahren, ohne Umweg über die Ostsee. Schon im 16. Jahrhundert gab es Pläne für einen Kanal durch das schwedische Binnenland, um so die Steuern der deutschen Hanse und die Öresundzölle der Dänen zu umgehen. Der Traum wurde erst einige Jahrhunderte später wahr. Der Göta Kanal wurde 1832 eingeweiht und hundert Jahre lang intensiv befahren. Die beförderten Waren sagen einiges über Schwedens Entwicklung vom armen Agrarstaat zur modernen Industrienation aus. Am Anfang wurden Getreide, Salz, Hering und natürlich Schnaps transportiert, später Holz- und Papierprodukte, zu Beginn des 20. Jahrhunderts Öl, Kohle, Koks und Erze. Heute überwiegt der Personenverkehr.

Seit den 50er Jahren ist der Göta Kanal vor allem ein Freizeitgewässer, eine für alle, die Schweden geruhsam erleben möchten. Zwischen der ersten Schleuse bei Mem an der Ostsee und der achtundfünfzigsten und letzten in Sjötorp am See Vänern liegen fast 200 Kilometer. Nach weiteren 200 Kilometern Göta Älv kann man in Göteborg an Land gehen. Die Kreuzfahrten dauern vier oder sechs Tage. Mit einem eigenen Schiff geht es schneller. Oder, und warum nicht, erheblich langsamer.

De gamla ångbåtarna slussar sig upp och ner på Göta kanal och når den högsta punkten vid Hajstorp – 91,5 meter över havet! Men kanalbåtarna utnyttjar givetvis också de naturliga vattenvägarna, som sjön Viken (till vänster).

The old steamships run the locks up and down the Göta Canal, with the highest point, 91.5 m over sea level, at Hajstorp. Of course they also utilize the natural watercourses, such as Lake Viken (at the left).

Die alten Dampfschiffe werden den Göta Kanal hinauf- und hinuntergeschleust und erreichen bei Hajstorp den höchsten Punkt – 91,5 Meter über dem Meer! Aber die Kanalboote nutzen selbstverständlich auch die natürlichen Wasserwege wie zum Beispiel den See Viken (links).

Medan båten slussar finns gott om tid att gå i land. Berg vid Göta kanals mynning i sjön Roxen. Kanalbåten Juno byggdes 1874.

While the boat passes the locks, the passengers stretch their legs on land. Berg at the mouth of the Göta Canal, Lake Roxen. This canal boat, the Juno, was built in 1874.

Berg an der Mündung des Göta Kanals in den See Roxen. Während die Schiffe geschleust werden, kann man hier an Land gehen. Das Kanalschiff Juno wurde 1874 gebaut.

Kanalbåtarna på Göta kanal färdas i behagliga fyra fem knop – flytande helpension och en kulturhistorisk resa genom Sveriges inland.

The canal boats travel the Göta Canal at a pleasant four to five knots speed. Floating full-service hotels and a voyage through Swedish inland cultural history.

Die Kanalschiffe auf dem Göta Kanal fahren gemütliche vier, fünf Knoten – das ist Vollpension auf dem Wasser und eine kulturgeschichtliche Reise durch das schwedische Binnenland.

Båtarna på Göta kanal lägger till i Göteborg – eller, som göteborgarna ser det, lägger ut. Läget vid Göta älv och vattenvägen mot Nordsjön och omvärlden har gjort Göteborg till Sveriges viktigaste hamnstad. Kanske är det de internationella kontakterna som ger denna arbetarstad en så speciell karaktär. Det är en storstad, men ovanligt avspänd och intim. På paradgatan Kungsportsavenyn, i folkmun kort och gott Avenyn, samlas människor så fort det finns anledning att fira – och det tycks det finnas här mer ofta och mer hjärtligt än i andra svenska städer.

The Göta Canal boats pull in at Göteborg – though the locals see them as putting off there. Göteborg, on the Göta River and the water route to the North Sea and elsewhere, is Sweden's main port. These international points of contact may make it such a special town: very urban and also relaxed and intimate. Kungsportsavenyn (known as "The Avenue") is the main street, and the gathering place the moment people have anything to celebrate. And the Gothenburgers seem to celebrate better and more often than Swedes elsewhere!

Die Schiffe auf dem Göta Kanal legen in Göteborg an. Göteborg ist durch seine Lage am Göta Älv und der Wasserstraße zur Nordsee Schwedens wichtigste Hafenstadt. Vielleicht verleihen die internationalen Kontakte dieser Arbeiterstadt ihr besonderes Flair. Es ist eine Großstadt, jedoch mit einer intimen Atmosphäre. Auf der Paradestraße, der Kungsportsavenyn, in Göteborg nur Avenyn genannt, versammeln sich die Menschen, wenn es einen Anlass zum Feiern gibt – und den scheint es hier öfter zu geben als in anderen schwedischen Städten.

OVAN Fiskare lastar av nattens fångst i gryningen. Göteborgs hamn.

TILL HÖGER Carl Milles monumentala fontän "Poseidon", Götaplatsen i Göteborg.

TOP Fisherman unload their night's catch at the docks in the Göteborg harbour.

RIGHT Carl Milles' monumental fountain "Poseidon" at Götaplatsen in Göteborg.

OBEN Fischer laden den nächtlichen Fang in der Morgendämmerung im Hafen von Göteborg aus.

RECHTS Der monumentale Poseidon-Brunnen von Carl Milles auf dem Götaplatsen in Göteborg.

Kusten

Sverige har egentligen bara en kust, åtminstone bara en som blivit ett begrepp: västkusten, som sträcker sig från Öresund i söder mittemot Danmark, till Strömstad i norr, vid gränsen till Norge. Västkusten är för många svenskar detsamma som sommar och salt hav, seglats och hummerfiske, vattenvägen mot Europa och omvärlden. För västkustbor är ofta resten av Sveriges sammanlagt 250 mil långa kust liktydigt med Östersjöns jolmiga bakvatten och stor-svensk maktfullkomlighet. Västkusten med landskapen Bohuslän, Halland och Skåne tillhörde Danmark långt in på 1600-talet.

Västkusten är tveklöst en svensk pärla, men östersjökusten har en minst lika spännande och variationsrik natur. Österlens milslånga sandstränder, Höga kusten i Ångermanland där landhöjningen efter den senaste istiden har format dramatiska, tre hundra meter höga klippor som stupar rakt ner i havet.

Den svenska kustlinjen präglas framför allt av en mängd skärgårdar – Koster, Göteborg, Blekinge, Västervik, Luleå – som återkommande gestaltats av svenska konstnärer och författare sedan August Strindbergs dagar. Stockholms skärgård har genom sin närhet till huvudstaden en särställning. Från Strömkajen mitt i Stockholm kan man enkelt ta en båt ut till skärgårdens tjugofyratusen öar, kobbar och skär. Och avnjuta en klassisk ångbåtsbiff på vägen.

Sweden actually has only one coast. When people refer to "the coast" they mean the west coast, from the Öresund Sound facing Denmark to the south to the Norwegian border at Strömstad. To Swedes, the west coast means summer and the salty sea, sailing and lobster fishing, and travelling by water to continental Europe and elsewhere. To the inhabitants of the west coast, the remaining paltry 2,500 km of Swedish coastline means nothing but the brackish backwaters of the Baltic, and the feeling that the country is run in Stockholm. Yet until the seventeenth century, the west coast of Sweden was part of Denmark.

Moreover, although the west coast has its charm, the landscape of the Baltic coast is at least as exciting and varied. There are miles and miles of sandy beaches at Österlen, the High Coast of the province of Ångermanland, where dramatic, three-hundred meter high cliffs descend straight into the sea.

One of the most unique features of the whole Swedish coastline is its various archipelagos – Koster, Göteborg, Blekinge, Västervik and Luleå. Many great Swedish artists and authors, including August Strindberg, have portrayed them. The Stockholm archipelago is special, being so close to the capital. You can board a ferry in the centre of town to travel among the twenty-four thousand islands, skerries and rocky islets, and enjoy a "steamship steak" during your journey.

Schweden hat eigentlich nur eine Küste, jedenfalls wird nur eine so genannt: die Westküste vom Öresund im Süden bis nach Strömstad im Norden, an der Grenze zu Norwegen. Die Westküste ist für die Schweden gleichbedeutend mit Sommer und Salzwasser, Segeln und Hummerfischen, dem Seeweg nach Europa und in die Welt. Für die Westküstenbewohner sind die übrigen 2 500 Kilometer Küste nichts als brackige Ostsee und die verblichene groß-schwedische Machtvollkommenheit. Die Westküste mit den Provinzen Bohuslän, Halland und Skåne gehörte bis weit ins 17. Jahrhundert zu Dänemark.

Die Westküste ist eine Perle, die Ostseeküste ist mindestens ebenso interessant und abwechslungsreich. Die kilometerlangen Sandstrände Österlens, die Steilküste Höga kusten in Ångermanland, wo dramatische, bis zu dreihundert Meter hohe Klippen senkrecht ins Meer stürzen.

Typisch für die schwedische Küste sind die Schären – Koster, Göteborg, Blekinge, Västervik, Luleå. Sie wurden immer wieder seit August Strindbergs Tagen von schwedischen Schriftstellern und Künstlern gefeiert. Die Schären von Stockholm sind durch ihre Nähe zur Hauptstadt etwas Besonderes. Vom Strömkai mitten in Stockholm kann man mit dem Schiff zu den vierundzwanzigtausend Inseln und Inselchen kreuzen. Und während der Fahrt ein klassisches „Dampfschiffsteak" genießen.

TILL VÄNSTER Fjorden vid Häggvik, Höga kusten i Ångermanland. Höga kusten blev år 2000 upptaget på UNESCO:s lista över världs-kulturarvet.

NEDAN Hambofest i Hälsingland. Folkdansen hambo är en svensk variant av polka-mazurka.

LEFT The Häggvik fjord at the High Coast in the province of Ångermanland. The High Coast was listed by UNESCO on their world cultural heritage list in 2000.

BOTTOM Celebrating "hambo" folk dancing in Hälsingland. The hambo is the Swedish varia-tion of the polka and mazurka.

LINKS Der Fjord bei Häggvik, Höga kusten in Ångermanland. Die Höga kusten wurde im Jahr 2000 in die Liste des Weltkulturerbes der UNESCO aufgenommen.

UNTEN Hambofest in Hälsingland. Der Volks-tanz Hambo ist die schwedische Form der Polka-Mazurka.

Båthus utanför den gamla fiskestaden Strömstad på västkusten vid gränsen till Norge.

Boathouses outside the traditional west coast fishing village of Strömstad, near the Norwegian border.

Bootshäuser am Rande der alten Fischerstadt Strömstad an der Westküste nahe der Grenze zu Norwegen.

Fiskeläge i Händelöp i havsbandet utanför Västervik vid Östersjön.

A fishing hamlet at Händelöp, near Västervik on the Baltic coast.

Fischerhütten in Händelöp in der Nähe von Västervik an der Ostsee.

TILL VÄNSTER Fiskare med nät och hund. Kuggörarna i Hälsingland.
NEDAN Lagning av traditionella mjärdar i det berömda gamla fiskeläget på Harstena, Östergötland.

LEFT Fisherman with nets and dog. Kuggörarna in the province of Hälsingland.
BOTTOM Repairing traditional fish traps in the renowned fishing village of Harstena, Östergötland.

LINKS Fischer mit Netzen und Hund. Kuggörarna in Hälsingland.
UNTEN Ein Fischer flickt eine traditionelle Reuse in einem alten Fischerdorf auf Harstena, Östergötland.

Det rofyllda Pålsundet vid Långholmen mitt i centrala Stockholm.

Tranquil Pålsundet at Långholmen, central Stockholm.

Der friedvolle Pålsundet bei Långholmen mitten in Stockholm.

Många seglare tar gärna sin tillflykt till Lilla Nassa skärgård längst ute i havsbandet utanför Stockholm. De i stort sett trädlösa öarna är fågelskyddsområde, och med lite tur kan man få se havsörn.

Many pleasure sailors enjoy a jaunt to the Lilla Nassa archipelago at the far end of the huge Stockholm archipelago system. These islands, which have hardly any trees, are a bird sanctuary, and with a little bit of luck you may glimpse the sea eagle.

Die Schären von Lilla Nassa weit draußen im Meer am Rande des riesigen Schärengebiets von Stockholm sind bei Seglern sehr beliebt. Die so gut wie baumlosen Inseln sind Vogelschutzgebiet, und mit etwas Glück kann man Seeadler beobachten.

TILL VÄNSTER Idyllen Lilla Nassa skärgård.
NEDAN Entusiastisk soldyrkare. Huvudskär,
Stockholms skärgård.

LEFT Idyllic Lilla Nassa archipelago near
Stockholm.
BOTTOM Enthusiastic sun worshipper.
Huvudskär, Stockholm archipelago.

LINKS Die idyllischen Schären Lilla Nassa.
UNTEN Begeisterte Sonnenanbeterin.
Huvudskär, Stockholmer Schären.

TILL VÄNSTER Huvudskär i Stockholms södra skärgård är ett populärt mål för många turister och seglare. Det ligger i havsbandet och är en gammal lots- och fyrstation. Fyren byggdes 1882.
NEDAN Supé på flytande krog i Stockholms skärgård.

LEFT Huvudskär, in the archipelago south of Stockholm is a popular destination for many tourists and sailors. Huvudskär, with its lighthouse from 1882, was an important beacon and pilot boat station.
BELOW Yachting and sunset dining in the Stockholm archipelago.

LINKS Huvudskär in den südlichen Schären von Stockholm ist bei Touristen und Seglern sehr beliebt. Es liegt weit draußen im Meer und ist seit alters her Lotsen- und Leuchtturm-station. Der Leuchtturm ist von 1882.
UNTEN Diner auf dem Wasser in den Schären von Stockholm.

Sandhamn är en klassisk bad- och segelort i Stockholms skärgård där den berömda Sandhamnsregattan anordnats sedan 1890-talet.

Sandhamn is a classic vacation and yachting spot in the Stockholm archipelago. The Sandhamn regatta has been held there annually since the 1890s.

Sandhamn in den Stockholmer Schären ist ein klassischer Bade- und Segelort, hier wird seit 1890 die berühmte Sandhamn-Regatta veranstaltet.

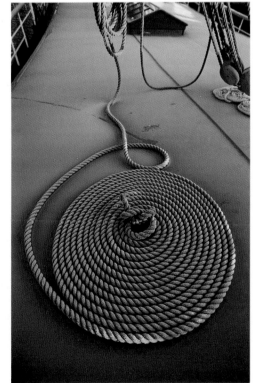

TILL VÄNSTER Grönskären i Bohuslän är en av
västkustens många isolerade, kargt förtrollande
öar.
OVAN Uppiggande morgondopp i Kattegatt.
Torekov, Skåne.

LEFT Grönskären in Bohuslän, one of many
isolated, bare, enchanted islands.
TOP Revitalizing morning dip in the Kattegat
at Torekov in Skåne.

LINKS Grönskären in Bohuslän ist eine von
vielen isoliert gelegenen Inseln an der Westküste,
die durch ihre Kargheit verzaubert.
OBEN Erfrischendes Morgenbad im Kattegatt.
Torekov, Skåne.

Gotland är Östersjöns största ö. Gotland var för årmiljoner sedan ett korall-rev och har liksom Öland en för Sverige unik flora och fauna. De märkvär-diga stenstoderna, "raukarna", består av vittrad revkalksten.

Gotland is the largest island in the Baltic. Millions of years ago it was a coral reef, and like nearby Öland its flora and fauna are unique in Sweden. The astonishing pillars known as "rauks" are weathered reef limestone.

Gotland ist die größte Insel der Ostsee. Gotland war vor Jahrmillionen ein Korallenriff und hat ebenso wie Öland eine für Schweden einzigartige Flora und Fauna. Die merkwürdigen Steingebilde, die „Rauks", bestehen aus verwittertem Kalkstein.

Öland är Sveriges minsta landskap. Ön är 13 mil lång men bara en dryg mil bred och förbinds med fastlandet av den 6 kilometer långa Ölands-bron. Öland kantas av vackra fyrar, och på det vindpinade alvaret finns många väderkvarnar.

The island of Öland is Sweden's smallest province, 130 km long but only just 10 km wide. The 6 km long Öland bridge connects it to the mainland. The island is surrounded by beautiful lighthouses, and the windswept Öland plateau "alvaret" is dotted with windmills.

Die Insel Öland – Schwedens kleinste Provinz – ist 130 km lang und knapp 10 km breit. Die 6 km lange Ölandsbrücke verbindet sie mit dem Festland. An der Küste von Öland gibt es hüb-sche Leuchttürme und in der windigen Steppe Alvaret stehen viele Windmühlen.

Sveriges mest berömda skeppssättning, Ales
stenar, är naturskönt belägen på Kåsebergaåsen i
Skåne med fantastisk utsikt över havet. Skepps-
sättningen är Sveriges största, 67 meter lång,
och uppfördes på vikingatiden, alltså för 1 000 år
sedan eller möjligen ännu tidigare.

The best-known "stone ship" burial mound in
Sweden, Ale stones, is located on the beautiful
Kåseberga ridge in Skåne, with a fantastic view
of the sea. This mound, 67 meters long, the
largest of its kind in Sweden, is from the Viking
Age, at least 1,000 years ago.

Das bekannteste Steingrab in Schiffsform, Ales
stenar, ist wunderschön auf dem Kåsebergaåsen
in Skåne gelegen, mit einer phantastischen
Aussicht über das Meer. Es ist mit 67 Metern
Länge die größte „Steinsetzung" Schwedens und
stammt aus der Vikingerzeit, ist also mindestens
1 000 Jahre alt.

NEDAN Skärhamn på Tjörn. En av västkustens otaliga gamla fiskebyar som förvandlats till turistparadis.

TILL HÖGER Stormig solnedgång vid Hovs hallar.

BOTTOM Skärhamn on the island of Tjörn. One of the many old fishing villages on the west coast that has become a vacation paradise.

RIGHT A stormy sunset at Hovs hallar.

UNTEN Skärhamn auf der Insel Tjörn, eines von unzähligen Fischerdörfern an der Westküste, das heute Ferienparadies ist.

RECHTS Stürmischer Sonnenuntergang bei Hovs hallar.

OVAN 3 000 år gammal hällristning i Fossum i Bohuslän. Det rika och unika hällristningsområdet kring Tanum är upptaget på UNESCO:s lista över världskulturarvet.
TILL HÖGER Segeltävlingen Tjörn runt.

TOP Cliff drawings, over 3,000 years old, at Fossum in Bohuslän. Its wealth of unique cliff drawings has given Tanum a spot on the UNESCO world cultural heritage list.
RIGHT The sailboat race "Once around Tjörn".

OBEN Eine 3 000 Jahre alte Felszeichnung in Fossum, Bohuslän. Das Gebiet um Tanum, wo es viele, einzigartige Felszeichnungen gibt, steht auf der Liste des Weltkulturerbes der UNESCO.
RECHTS Die Segelregatta „Rund um Tjörn".

Lappland

Från toppen av berget Jäknaffo i hjärtat av Lappland är utsikten bedövande. Den storslagna svenska fjällkedjan välver åt alla håll. Här finns några av Europas största, mest natursköna nationalparker – Padjelanta, Sarek och Abisko – och Sveriges mest utpräglade högfjällsområde Kebnekaise. Och tiotalet mil bort i väster, i Norge, syns något glittra: Atlanten!

Lapplands vildmarker befolkades för sju tusen år sedan, och bär sitt namn efter den svenska urbefolkningen, samer, lappar. Med kristendom och vapenmakt krossades den samiska nomadkulturen när svenskarna koloniserade Lappland under 1600-talet på jakt efter ädla metaller. Men den samiska kulturen har överlevt. Än idag lever flera tusen samer på traditionellt vis som renskötare, och kulturarvet bevaras i sameslöjden och den säregna sångtraditionen "jojk", som utövades när den samiske schamanen, "nåjden", kom i trance under björnriten. I dagens Lappland lever myt och modernitet, natur och kultur, sida vid sida.

I gruvsamhället Kiruna finns hus av den berömde brittisk-svenske arkitekten Ralph Erskine och en av Europas mest avancerade rymdforskningsstationer, ESRANGE. Samtidigt har Lappland kvar sin magi. Att befinna sig i detta märkliga landskap, som formats av jordskorpans rörelser under årmiljonerna, är att få uppleva – och kommer alltid att så vara – ett av tillvarons stora under.

The view from the top of Mount Jäknaffo in the heart of Lappland is breathtaking. The magnificent Swedish mountain area contains some of Europe's largest and most beautiful national parks: Padjelanta, Sarek and Abisko parks, as well as Mount Kebnekaise. And 100 km west, beyond Norway, there is a glimmering sheen – the Atlantic Ocean!

People have been living in the wilds of Lappland for seven thousand years. It bears the name of the indigenous population of Sweden, the Lappish or Sami people. The coming of Swedish colonization, of Christianity and of armed forces, the seventeenth century search for rare metals, crushed the nomadic way of life of the Sami, but the Sami culture has survived. Today, thousands of Sami still live the traditional reindeer herding life. Sami handicrafts and the special vocal tradition, the "joik", have also survived. The origins of joiking go back to the Sami shaman, the "nåjd", who fell into a trance during the "bear rite". In contemporary Lappland, myth and modernity, nature and culture live side by side.

The mining community of Kiruna contains buildings designed by famous British-Swedish architect Ralph Erskine, as well as the ESRANGE space research centre. Lappland also still retains its magic. One of the wonders of the world; it is a place to spend time in, a landscape formed over millions of years – a miracle.

Die Aussicht vom Gipfel des Bergs Jäknaffo im Herzen Lapplands ist betörend. Umgeben von den gewaltigen schwedischen Bergketten erstrecken sich einige der größten und schönsten Nationalparks: Padjelanta, Sarek und Abisko – und die Gebirgsregion Kebnekaise. Und hundert Kilometer weiter westlich, in Norwegen, sieht man es glitzern: Der atlantische Ozean!

Lappland wurde vor 7 000 Jahren besiedelt und hat seinen Namen von den schwedischen Ureinwohnern, den Samen oder Lappen. Als die Schweden im 17. Jahrhundert Lappland kolonisierten, sollte die vieltausendjährige Nomadenkultur der Samen zerschlagen werden. Aber die samische Kultur hat überlebt. Auch heute leben noch einige tausend Samen auf traditionelle Weise als Rentierzüchter, das kulturelle Erbe wird bewahrt im samischen Kunsthandwerk und in der eigentümlichen Liedtradition, dem „Jojk", der gesungen wurde, wenn samische Schamane, der „Nåjde", beim Bärenritus in Trance kam.

In der Bergbaustadt Kiruna gibt es Häuser des berühmten britisch-schwedischen Architekten Ralph Erskine und das Weltraumforschungszentrum ESRANGE. Und doch hat Lappland seine magische Aura nicht verloren. Diese eigentümliche Landschaft zu erleben, die im Laufe von Jahrmillionen von den Bewegungen der Erdkruste geformt wurde, gehört zu den großen Wundern des Daseins.

Det finns gott om vandringsleder och stugor i fjällen, men inget går upp emot att vandra orösat och slå upp tältet där man behagar.

TILL VÄNSTER Bokens fotograf Chad Ehlers på vandring i nationalparken Sarek.

NEDAN Dalgången Ladtjovagge i Kebnekaise med en välkänd svensk fjällprofil till höger: Tolpagorni, 1 662 m. ö. h.

The Swedish mountains offer numerous hiking trails and shelters, but there's nothing like walking with the full freedom to put up a tent wherever you please.

LEFT Chad Ehlers, the photographer of this book, walking in the Sarek national park.

BOTTOM The Ladtjovagge valley near Mount Kebnekaise, with the well-known Swedish silhouette, Mount Tolpagorni, altitude 1,662 meters, to the right.

In den Bergen gibt es viele Wanderwege und Hütten, aber am schönsten ist es, abseits der markierten Pfade zu wandern und das Zelt irgendwo aufzuschlagen.

LINKS Der Fotograf dieses Buchs, Chad Ehlers, auf einer Wanderung im Nationalpark Sarek.

UNTEN Das Tal Ladtjovagge in Kebnekaise, rechts ein bekannter schwedischer Berg: Tolpagorni, 1 662 m hoch.

OVAN Mårdseleforsen i den 45 mil långa Vindel-
älven, Västerbotten.
TILL HÖGER Soluppgång över Sveriges mest
berömda fjällvy: Lapporten i Abisko.

TOP The Mårdsele rapids in the 450 km long
Vindel River in Västerbotten.
RIGHT Sunrise over the most famous mountain
view in Sweden, the Abisko "Lapporten".

OBEN Die Stromschnelle Mårdseleforsen im
450 km langen Vindelälven in Västerbotten.
RECHTS Sonnenaufgang über einer berühmten
Aussicht in den Bergen: Lapporten in Abisko.

TILL VÄNSTER Norr om polcirkeln syns ofta
ett av naturens mest mytomspunna fenomen:
norrskenet!
TILL HÖGER Abiskojokkens kanjon i Abisko
nationalpark som inrättades redan 1910 och är
en av Europas äldsta nationalparker.

LEFT North of the Arctic Circle, the Northern
Lights, one of the most mythical natural phe-
nomena of all, is a frequent sight.
RIGHT The Abisko canyon, Abiskojokken.
Abisko National Park is one of Europe's oldest,
founded in 1910.

LINKS Nördlich des Polarkreises sieht man oft
ein mysteriöses Naturschauspiel: Das Nordlicht!
RECHTS Der Canyon Abiskojokken im Abisko
Nationalpark; er ist schon seit 1910 als National-
park ausgewiesen und somit einer der ältesten
Europas.

I Kebnekaise finns Sveriges mest dramatiska högfjäll och landets högsta topp som givit namn åt hela området: Kebnekaise, 2 117 m. ö. h.

Kebnekaise is the most dramatic high mountain area in Sweden, with the country's highest peak, Mount Kebnekaise, altitude 2,117 meters.

Kebnekaise ist das beeindruckendste Hochgebirgsmassiv Schwedens, der Kebnekaise ist mit 2 117 Metern der höchste Berg des Landes.

Storglaciärens mäktiga isfall i Kebnekaise-massivet.

The grandiose ice fall on the great glacier in the Kebnekaise massif.

Der mächtige „Eisfall" des Großgletschers im Kebnekaise-Massiv.

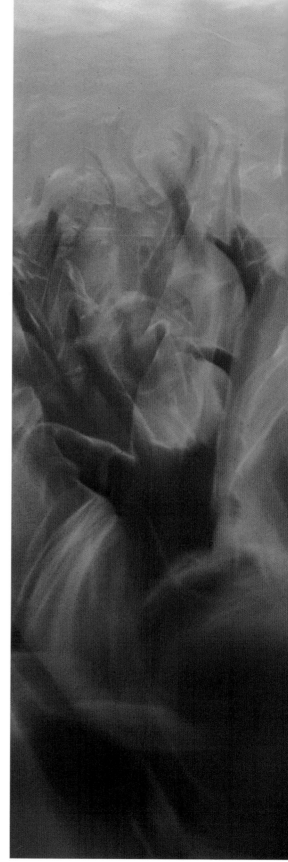

Renskötsel är fortfarande en heltidssysselsättning
för tusentals samer. Med lasso fångas de renar
som ska märkas, kastreras eller gå till slakt.

Reindeer herding is still a full-time occupation
for thousands of Sami. The reindeer to be branded,
castrated or slaughtered are lassoed in.

Immer noch leben Tausende von Samen von der
Rentierhaltung. Mit einem Lasso werden die
Rentiere gefangen, die gekennzeichnet, kastriert
oder geschlachtet werden sollen.

OVAN Kiruna är en av världens största städer –
till ytan. Här bor dock bara 26 000 invånare.
TILL HÖGER Den frusna lobbyn i det världs-
berömda ishotellet i Jukkasjärvi. Det mesta är
tillverkat av is, allt ifrån isbarens dricksglas till
hotellets sängar.

TOP Kiruna is one of the largest cities in the
world – in area – but has only 26,000 inhabit-
ants.
RIGHT The ice lobby of the world-renowned
ice hotel in Jukkasjärvi. Most things in the
hotel are made of ice, from the drinking glasses
in the bar to the beds.

OBEN Kiruna gehört zu den größten Städten
der Welt – flächenmäßig. Hier leben jedoch nur
26 000 Menschen.
RECHTS Die gefrorene Empfangshalle im welt-
berühmten Eishotel in Jukkasjärvi. Die Einrich-
tung besteht fast ganz aus Eis, von der Gläsern
in der Eisbar bis zu den Betten des Hotels.

Folket

"En svensk han sjunger inte, han spelar inte, han dansar inte – han är tyst och stillsam!" skriker Hasse Alfredson i en berömd sketch från revyn Gula Hund. Beskrivningen säger nog egentligen mindre om hur svenskarna verkligen är och mer om deras kritiska självbild. I jämförelse med grannfolken i Norge, Danmark och Finland är svenskarnas förhållande till den egna nationen kluvet och svalt. Nationaldagen den 6 juni firas halvhjärtat, få vet att det sker på årsdagen av Gustav Vasas val till Sveriges konung 1523 och antagandet av 1809 års författning. Möjligen beror denna nationella ljumhet på att Sverige inte har varit i krig på nästan två sekel. Fredstider skapar lugnare, mer timida människor som har mindre behov av att bedyra den egna nationens storhet. Arbetskraftsinvandring och flyktingströmmar under senare delen av 1900-talet har också gjort Sverige till en modernt mångkulturell nation. Hamburgare, pizza, kebab och tandoori chicken är lika självklara inslag som köttbullar och smörgåsbord.

Likväl är svenskar mycket svenska. Särskilt tydligt blir det vid en kräftskiva eller vid midsommar, en högtid, närmast en nationalklenod som får svenskar att bekänna blågul färg. Tanken på inlagd sill och kumminkryddad nubbe, vällagrad västerbottensost och knaprigt knäckebröd får svenskar att dansa – kring midsommarstången – och till och med att sjunga – åtminstone en snapsvisa.

"A Swede will not sing or play, he will sit silent all the day!" says Swedish entertainer Hasse Alfredson in a sketch. Anyone who knows Swedes will also see this as typical of their self-image. Compared with the Norwegians, Danes and Finns, the Swedes have a cool distance to themselves and their nation. The Swedish national day, 6 June, is not much of a national holiday, and very few people could tell you exactly what it celebrates: the appointment of Gustav Vasa to the throne in 1523. This lukewarm nationalism may have to do with Sweden's not having been at war for nearly two centuries. Times of peace do not encourage strongly nationalist sentiment. In addition, late twentieth century immigrant flows, attributable both to the need for manpower and to the political situation elsewhere, has made Sweden a multicultural nation. Today, Swedish cuisine incorporates hamburgers, pizza, kebab and tandoori chicken as well as smorgasbords and Swedish meatballs.

And yet Swedes are still very Swedish. This is never clearer than on Midsummer's Eve or at a crayfish dinner in August, when there is so much ritual and celebration that it is impossible not to feel a personal connection with the blue and yellow national flag. The very thought of marinated herring and aquavit spiced with cumin, aged Västerbotten cheese and crackling crispbread drives the Swedes to dance – around the midsummer pole – and even to sing: at least drinking songs.

„Ein Schwede singt nicht, er spielt nicht, er tanzt nicht – er ist ruhig und still!" behauptet der Komiker Hasse Alfredson in einem berühmten Revuesketch. Diese Beschreibung sagt nicht viel über die Schweden aus, aber um so mehr über ihr kritisches Selbstbild. Verglichen mit den Nachbarn in Norwegen, Dänemark und Finnland ist das Verhältnis der Schweden zur eigenen Nation gespalten und kühl. Der Nationalfeiertag, der 6. Juni, wird halbherzig gefeiert, nur wenige wissen, dass man den Jahrestag der Wahl von Gustav Vasa zum König von Schweden im Jahr 1523 begeht. Schweden war fast zwei Jahrhunderte an keinem Krieg beteiligt, und Friedenszeiten bringen eher ruhige Menschen hervor, ohne das Bedürfnis, die Größe der eigenen Nation zu betonen. Durch die Zuwanderung von Arbeitskräften und die Flüchtlingsströme im 20. Jahrhundert wurde auch Schweden eine multikulturelle Nation. Hamburger, Pizza, Kebab und Tandoori Chicken sind ebenso selbstverständlich wie Fleischbällchen und das Smörgåsbord.

Und doch sind die Schweden sehr schwedisch. Besonders deutlich wird das bei einem Krebsfest oder an Mittsommer, beinahe einem Nationalfeiertag, bei dem die Schweden blaugelbe Farbe bekennen. Der Gedanke an eingelegten Hering und Kümmelschnaps, gereiften Västerbottenkäse und knuspriges Knäckebrot läßt die Schweden tanzen – um den Mittsommerbaum – und sogar singen – wenigstens Trinklieder.

Picknick på en brygga vid en av Sveriges
100 000 insjöar.

Picnic on a jetty at one of Sweden's 100,000
lakes.

Picknick auf einem Bootsteg an einem der
100 000 Seen.

Många svenskars sommardröm: att meta eller att ta ett dopp en ljummen kväll.

The summer dream of many Swedes: fishing or taking a warm evening dip.

Der Sommertraum vieler Schweden: angeln oder ein Bad an einem lauen Sommerabend.

Det sagolika Småland – där barnboksförfattaren
Astrid Lindgren växte upp, liksom hennes
älskade barnboksgestalt Emil i Lönneberga.

Småland, province of storytelling and childhood
home of Astrid Lindgren, world-renowned
children's book author. Also the home of her
character, Emil, loved by all.

Das märchenhafte Småland – hier wuchs die
weltberühmte Kinderbuchautorin Astrid Lindgren
auf, ebenso wie eine ihrer Gestalten – Michel aus
Lönneberga.

Traditionellt midsommarfirande – en höjdpunkt. Midsommar firas till minne av Johannes Döparens födelse, men traditionen går tillbaka på förkristen solståndsfest.

The traditional Midsummer's Eve celebration – a high point of the year. Midsummer is a celebration of the birth of John the Baptist, but with a tradition reaching back to pre-Christian solstice festivities.

Traditionelles Mittsommerfest – ein Höhepunkt. Mittsommer wird zur Erinnerung an die Geburt von Johannes dem Täufer gefeiert, es geht jedoch zurück auf ein vorchristliches Sonnenwendfest.

Opera och balett har haft en stark ställning
i Sverige sedan 1700-talets slut tack vare den
skönhetsälskande enväldshärskaren kung
Gustav III. Ironiskt nog mördades Gustav III
på en maskeradbal i Stockholms gamla
operahus 1792.

Opera and ballet have retained the strong status
they developed under eighteenth century King
Gustav III, patron of the arts and autocrat.
Ironically, the King was assassinated at a mas-
querade ball held at the old opera house in
Stockholm in 1792.

Oper und Ballett sind in Schweden seit dem
18. Jahrhundert sehr beliebt. Der erste Förderer
war der kunstsinnige Alleinherrscher König
Gustav III., der – Ironie des Schicksals – 1792
auf einem Maskenball im alten Opernhaus von
Stockholm ermordet wurde.

OVAN Drottningholms slottsteater från 1764–66 är en av Europas bäst bevarade barockteatrar – och fortfarande i bruk!
TILL HÖGER Kungliga Filharmoniska Orkestern, Stockholms konserthus.

TOP The palace theatre at Drottningholm from 1764–66 is one of the best preserved baroque theatres in Europe – and it is still in use!
RIGHT The Royal Philharmonic Orchestra in the Stockholm Concert Hall.

OBEN Das Schlosstheater Drottningholm (1764–66) ist eines der am besten erhaltenen Barocktheater Europas – und wird immer noch bespielt!
RECHTS Das Kungliga Filharmoniska Orkestern im Konserthus Stockholm.

Svenskt glas från Småland har gott internationellt renommé. Orrefors glasbruk är en ledande producent av konstglas och kristallserviser.

Swedish glass from the province of Småland is of high international repute. The Orrefors glass studio is one of the leading manufacturers of glass objects d'art and crystal.

Schwedisches Glas aus Småland hat weltweit einen guten Ruf. Die Glashütte Orrefors ist bekannt für künstlerisches Glas und Kristall.

Svensk verkstadsindustri har blivit världskänd
genom bilar från Volvo och Saab, och lastbilar,
bussar och flygplan från Saab-Scania.

Swedish mechanical engineering industries
are world famed thanks to passenger cars from
Volvo and Saab as well as trucks, busses and
aircraft from Saab-Scania.

Die schwedische Schwerindustrie wurde welt-
berühmt durch die Autos von Volvo und Saab
sowie durch Lastwagen, Busse und Flugzeuge
von Saab-Scania.

TILL VÄNSTER Vansbrosimningen i Dalarna. En kylig utmaning: 3 000 meter i kallt älvvatten.
NEDAN Davis Cup-spel i Båstad. Tennis blev svensk nationalsport genom legenden Björn Borg.

LEFT The Vansbro swim event in Dalarna. A chilly challenge: 3,000 meters in cold river water.
BOTTOM The Davis Cup in Båstad. Swedish legend Björn Borg turned tennis into a Swedish national sport.

LINKS Das Vansbro-Schwimmen in Dalarna. Eine kalte Herausforderung: 3 000 Meter im eisigen Wasser.
UNTEN Davis-Cup-Spiel in Båstad. Durch die Legende Björn Borg wurde Tennis in Schweden zum Nationalsport.

TILL HÖGER Lidingöloppet: 30 km terräng-
löpning.
NEDAN Skidklassikern Vasaloppet – 9 mil mellan
Sälen och Mora. Ibland syns kung Carl XVI
Gustaf i spåret.

RIGHT The Lidingö race: a 30 km terrain race.
BOTTOM The classic cross-country ski event
Vasaloppet – 90 km from Sälen to Mora. King
Carl XVI Gustaf has been known to ski the
track himself.

RECHTS Der Lidingö-Lauf: 30 km Geländelauf.
UNTEN Der Vasa-Lauf – ein Klassiker des Lang-
laufs: 90 km zwischen Sälen und Mora. Gele-
gentlich sieht man auch König Carl XVI Gustaf
in der Loipe.

I ett land med långa, mörka och kalla vintrar är den medeltida traditionen med dignande julbord fortfarande populär. På julbordet trängs julskinka, sylta, korv, lutfisk, sill, julost och vörtbröd med tillhörande dopp i grytan.

In a country of long, dark, cold winters, the medieval tradition of a hearty Christmas smorgasbord feast is still popular. The meal includes ham, brawn, sausage, lutefish, herring, and special Christmas cheese and bread baked with brewer's wort to be dipped in the broth from the ham.

In einem Land mit langen, dunklen und kalten Wintern ist der mittelalterliche Brauch einer reich gedeckten Weihnachtstafel noch lebendig. Hier findet man Weihnachtsschinken, Sülze, Wurst, Stockfisch, Hering, Käse und Würzbrot das in die Schinkenbrühe getunkt wird.

Kräftskivan är en ursvensk sensommarfest och måste innehålla följande: kräftor, västerbottensost, knäckebröd, öl och nubbe, det vill säga kryddat, men gärna också okryddat, brännvin.

In August, crayfish parties are the tradition, and include crayfish, Västerbotten cheese, hard bread, beer and Swedish aquavit, either aromatic with herbs and spices or just plain.

Das Krebsfest ist ein sehr schwedisches Sommerfest. Unbedingt dazu gehören: Krebse, Västerbottenkäse, Knäckebrot, Bier und Schnaps, entweder mit Kräutern und Gewürzen, aber gerne auch ohne.

OVAN Nobelpriset överräckes av Hans Majestät Konungen till pris-
tagarna på Alfred Nobels dödsdag den 10 december varje år i Stockholms
konserthus.
TILL HÖGER Nobelbanketten med 1 300 gäster i Blå hallen i Stadshuset.

TOP The Nobel Prizes are awarded by His Majesty the King annually
on 10 December, the anniversary of the death of Alfred Nobel, in the
Stockholm Concert Hall.
RIGHT The Nobel banquet, with 1,300 guests, in the Blue Room of the
Town Hall.

OBEN Die Nobelpreise wird jedes Jahr am Todestag von Alfred Nobel,
dem 10. Dezember, von Seiner Majestät dem König im Konserthus in
Stockholm überreicht.
RECHTS Das Nobel-Bankett mit 1 300 Gästen im Blauen Saal des
Stadshuset.

Traditionsenlig dans efter Nobelbanketten i Gyllene salen, prydd med konstnären Einar Forseths guldmosaik "Mälardrottningen".

Traditionally, dancing follows dinner at the Nobel banquet. The dancing is in the Golden Hall, decorated with gold mosaics by Einar Forseth, entitled "The Queen of Lake Mälaren".

Der traditionelle Ball nach dem Nobel-Bankett im Goldenen Saal mit dem Goldmosaik „Mälardrottningen" (Die Mälarkönigin) von Einar Forseth.

Luciafirandet den 13 december sker till minne av den kristna jungfrun Lucia som led martyrdöden år 304 på Sicilien. Men traditionen med luciatåg, sång, pepparkakor och lussebullar är ursvensk.

On 13 December there are Lucia celebrations in memory of Lucia, a Christian virgin who died as a martyr in Sicilia in 304 A.D. This purely Swedish tradition includes a procession, singing, ginger cookies and "Lucia buns".

Das Luciafest am 13. Dezember erinnert an die christliche Jungfrau Lucia, die im Jahr 304 auf Sizilien den Märtyrertod starb. Der Brauch mit Lucia-Umzug, Liedern, Pfefferkuchen und Safranbrötchen ist jedoch durch und durch schwedisch.

Inlandet

Sverige är ett av Europas största länder men har endast nio miljoner invånare, vilket gör landet till ett av jordens minst tättbefolkade. Inte konstigt att inlandet och de ändlösa barrskogarna i Norrland, Värmland och Småland har befolkats av mytologins alla tomtar och troll, vättar och oknytt, älvor och skogsrån, som tisslar och tasslar så fort man vänder ryggen till. De täta, mörka skogarna bidrar också till att förstärka upplevelsen när landskapet plötsligt öppnar sig och man står inför en annan svensk idyll, insjön. I Sverige finns mer än hundra tusen insjöar – hundra tusen påminnelser om inlandsisen som drog sig tillbaka för nio tusen år sedan.

Det kanske mest fantastiska med den svenska naturen är att den är tillgänglig för alla. Allemansrätten ger var och en rätt att vistas i naturen, att plocka blommor, bär och svamp, bada i insjöar, ströva i skogar, vandra över myrar och i fjällen – en frihet under ansvar med få motsvarigheter i världen. Men inlandet består inte enbart av orörd natur. Under sekler har det svenska kulturlandskapet formats av strävsamma bönder, eller snarast strävsamma drängar och pigor. Följdriktigt är den svenska litteraturens mest berömda gestalt en fattig husmansson från det bördiga Skåne – den olydige pågen i Selma Lagerlöfs roman "Nils Holgerssons underbara resa genom Sverige" som förvandlas till pyssling och upptäcker Sveriges avlånga skönhet från ryggen på en vildgås.

Sweden is one of the largest but most sparsely-populated countries in Europe, with a population of nine million. No surprise that the inland and the coniferous woods should be peopled by every kind of spirit and troll in mythology. They tiptoe around the moment we look away. The compact forest intensifies the experience. Without warning the landscape then opens to reveal a different aspect of Sweden, its idyllic lakes. Sweden has more than one hundred thousand lakes – a hundred thousand reminders of the last vestiges of the ice age, the inland ice that receded only nine thousand years ago.

The Swedish landscape is also freely accessible to all. The right of public access – *allemansrätten* – means that you are free to pick flowers, berries and mushrooms, to enjoy the lakes for swimming and the mountains for hiking. This freedom also entails an obligation to act responsibly. Inland Sweden has more to it than unspoilt nature. Over the last hundred years it has become a cultural landscape at the hands of hardworking farmers, or rather industrious farmhands and dairymaids. It only makes sense that the most well-known figure in Swedish literature should be the son of a poor crofter from Skania – the mischievous little lad who is the protagonist of Selma Lagerlöf's *Nils Holgersson's Wonderful Journey through Sweden*. He is transformed into a pixie, and explores his oblong country from the back of a wild goose.

Schweden ist eines der größten Länder Europas, doch mit nur neun Millionen Einwohnern auch eines der am dünnsten besiedelten Länder der Erde. Kein Wunder, dass das Landesinnere und die endlosen Nadelwälder von Trollen und Kobolden, Nymphen und Elfen bevölkert werden, die tuscheln und rascheln, sobald man sich umdreht. Die Dichte der Wälder intensiviert den Eindruck, wenn die Landschaft sich plötzlich öffnet und ein weiteres schwedisches Idyll zeigt – Seen. Schweden hat über 100 000 Seen – 100 000 Erinnerungen an das Inlandeis.

Das Wunderbare an Schwedens Natur ist dass sie für alle zugänglich ist. Das Jedermannsrecht erlaubt es sich in der Natur aufzuhalten, Blumen zu pflücken, Beeren und Pilze zu sammeln, in den Seen zu baden, auf den Bergen zu wandern – eine Freiheit in Verantwortung, die einzigartig ist. Aber im Landesinneren gibt es nicht nur unberührte Natur. Die schwedische Kulturlandschaft wurde in Jahrhunderten von hart arbeitenden Bauern geformt, oder vielmehr von hart arbeitenden Knechten und Mägden. Folgerichtig ist die berühmteste Gestalt der schwedischen Literatur ein armer Bauernsohn aus dem fruchtbaren Skåne – der unfolgsame Bub in Selma Lagerlöfs Roman „Nils Holgerssons wunderbare Reise durch Schweden", der in einen Däumling verwandelt wird und die Schönheit des langgestreckten Landes vom Rücken einer Wildgans aus erkundet.

Sverige består till stora delar av skog, och skogs-
produkter har under sekler varit en av landets
viktigaste exportvaror och inkomstkällor.

Much of Sweden is forest land, and wood pro-
ducts have been one of Sweden's main export
products and sources of income for centuries.

Schweden ist zum großen Teil mit Wald
bewachsen, Holzprodukte waren deshalb jahr-
hundertelang die wichtigsten Exportgüter und
Einnahmequellen.

Intensivt gula rapsfält mot djupblå himmel är en ursvensk syn – gult och blått har varit svenska färger sedan 1200-talet.

Bright yellow fields of rape against the deep blue sky is as Swedish as a sight can be – yellow and blue have been Sweden's colours since the thirteenth century.

Intensiv gelbe Rapsfelder gegen einen tiefblauen Himmel – das ist schon sehr schwedisch. Gelb und blau sind seit dem 13. Jahrhundert die schwedischen Farben.

Magisk morgondimma vid Yxtaholm
i Södermanland.

Magical morning mist at Yxtaholm in the
province of Södermanland.

Magischer Morgennebel bei Yxtaholm in
Södermanland.

Dovhjort har hållits i hägn sedan 1500-talet, men under det senaste seklet har dovhjortar släppts fria och finns numera i vilt tillstånd på många håll.

Fallow-deer have been kept under protected conditions since the sixteenth century. Over the last hundred years they have also been set out, and can now be found wild in many places.

Der Damhirsch wurde seit dem 16. Jahrhundert in Gehegen gehalten, aber im letzten Jahrhundert wurde die Damhirsche frei gelassen und leben heute wild an vielen Orten des Landes.

Häggvik, Höga kusten i Ångermanland.   Häggvik, on the High Coast of Ångermanland.   Häggvik, Höga kusten in Ångermanland.

Ljuvlig sensommarkväll på bryggan, Yxtaholm
i Södermanland.

A lovely late summer evening on the jetty at
Yxtaholm in Södermanland.

Himmlischer Sommerabend auf dem Steg,
Yxtaholm, Södermanland.

Det vackra Stensjö i Småland – gamla jordbrukstrakter med traditionella gärdsgårdar och röda hus med vita knutar.

Gorgeous Stensjö in Småland – an ancient agricultural tract with traditional fences and red cottages with white trim.

Das hübsche Stensjö in Småland – eine Bauerngegend mit traditionellen Holzzäunen und roten Häusern mit weißen Kanten.

Många svenskar älskar att plocka svamp, men det gäller att vara uppmärksam: bland de trestjärniga läckerheterna växer också giftsvampar!

Many Swedes enjoy picking edible mushrooms. But caution is required: these delicacies may grow side by side with toxic toadstools.

Viele Schweden suchen leidenschaftlich gerne Pilze, aber Vorsicht: Zwischen den Köstlichkeiten können auch Giftpilze wachsen!

TILL VÄNSTER Sädesfält i Västergötland nära Lagerforsbruk.
NEDAN Rödlysande vallmofält.

LEFT Fields of grain near Lagerforsbruk in Västergötland.
BOTTOM Bright red poppy fields.

LINKS Saatfelder in Västergötland in der Nähe von Lagerforsbruk.
UNTEN Rot leuchtendes Mohnfelder.

Morgondimma vid Dalälven nära Gysinge i Gästrikland.

Morning haze above the Dala River near Gysinge in Gästrikland.

Morgennebel am Dalälv bei Gysinge, Gästrikland.

Dalälven är Sveriges näst längsta älv. Flug-
fiskaren hoppas stillsamt på forell och lax.

The Dala River is the second longest River in
Sweden. This fly-fisherman is waiting calmly,
hoping to catch trout and salmon.

Der Dalälv ist der zweitlängste Fluss Schwe-
dens. Der Fliegenfischer hofft geduldig auf
Forelle oder Lachs.

Dalälven i vinterljus.   The Dala River in winter light.   Der Dalälv im Winterlicht.

Snön faller meterdjup över de granrika inlands-skogarna, som vid Valberget i Dalarna på grän-sen till Värmland.

Meters of snow fall on the coniferous inland forests. Here in Dalarna, at Valberget, near the border to Värmland.

Der Schnee fällt oft meterhoch auf die tannen-reichen Wälder, wie hier am Valberget in Dalarna an der Grenze zu Värmland.

SVERIGE är en parlamentarisk demokrati med monarkistisk statsform. Den nuvarande kungen Carl XVI Gustaf har enbart representativa funktioner. Tronföljare är kronprinsessan Victoria, född 1977.

BERÖMDA SVENSKAR Ingmar Bergman (*regissör*), Birgit Cullberg (*koreograf*), Greta Garbo (*skådespelerska*), Carl von Linné (*naturforskare*), Emanuel Swedenborg (*andeskådare*).

Sverige är ett föregångsland i jämställdhetsfrågor, trots att kvinnor fick rösträtt relativt sent, först 1921. Sedan 1979 finns en jämställdhetslag som reglerar mäns och kvinnors formellt sett lika villkor i samhällslivet.

BERÖMDA SVENSKA UPPFINNINGAR AGA-fyren (*Gustaf Dalén*), dynamit (*Alfred Nobel*), sfäriskt kullager (*Sven Wingquist*), skiftnyckel (*J.P. Johansson*), tetrapak (*Ruben Rausing*).

Sverige har en av världens mest liberala tryck- och yttrandefrihetslagar. Den första tryckfrihetsförordningen tillkom redan 1766 och är en av världens äldsta.

KÄNDA SVENSKA VARUMÄRKEN Abba, Absolut Vodka, Ericsson, Hennes & Mauritz, Ikea.

Många svenskar behärskar förutom svenska också engelska. Därtill finns flera minoritetsspråk: samiska, tornedalsfinska, romani chib, jiddisch. Dessutom talar hundratusentals svenskar alltifrån persiska, kurdiska och turkiska till serbokroatiska, tyska och spanska.

KÄNDA SVENSKA ORD OCH BEGREPP den svenska synden, ombudsman, smörgåsbord, Stocholmssyndromet.

SWEDEN is a parliamentary democracy with a monarchy. The present King, Carl XVI Gustaf only fills a representative function. The heir to the throne is Crown Princess Victoria, born in 1977.

FAMOUS SWEDES Ingmar Bergman (*director*), Birgit Cullberg (*choreographer*), Greta Garbo (*actress*), Carolus Linnaeus, (*botanist*), Emanuel Swedenborg (*mystic*).

Sweden is a spearhead country for equal opportunities, although women's suffrage came relatively late to Sweden, in 1921. Since 1979 Sweden has had an Equal Opportunities Act, regulating the formally equal conditions applying to men and women.

FAMOUS SWEDISH INVENTIONS the AGA-lighthouse (*Gustaf Dalén*), dynamite (*Alfred Nobel*), the spherical ball bearing (*Sven Wingquist*), the adjustable spanner (*J.P. Johansson*), the tetrapak beverage package (*Ruben Rausing*).

Sweden has among the most liberal legislation in the world in terms of freedom of the press and of expression. A Freedom of the Press Act was adopted in 1766, one of the world's first.

FAMILIAR SWEDISH TRADEMARKS Abba, Absolut Vodka, Ericsson, H & M, Ikea.

In addition to their native Swedish, many people in Sweden have studied English and speak it well. Sweden also has various minority languages, including Sami, Tornedal Finnish, Romany and Yiddish. There are also hundreds of thousands of Swedes whose first or second languages range from Persian to Kurdish and Turkish, to Serbocroatian, German, and Spanish.

WELL-KNOWN SWEDISH WORDS AND CONCEPTS Swedish sin, Ombudsman, smorgasbord, the Stockholm syndrome.

SCHWEDEN ist eine konstitutionelle Monarchie mit Parlament. Der regierende König Carl XVI Gustaf hat nur repräsentative Aufgaben. Thronfolgerin ist Prinzessin Victoria, geb. 1977.

BERÜHMTE SCHWEDEN Ingmar Bergman (*Regisseur*) Birgit Cullberg (*Choreographin*), Greta Garbo (*Schauspielerin*), Carl von Linné (*Naturforscher*), Emanuel Swedenborg (*Mystiker*).

Schweden ist vorbildlich in Gleichberechtigungsfragen, obwohl die Frauen erst relativ spät, 1921, das Wahlrecht bekamen. Seit 1979 gibt es ein Gleichstellungsgesetz, das die formelle Gleichstellung von Männern und Frauen regelt.

BERÜHMTE SCHWEDISCHE ERFINDUNGEN der AGA-Gasherd (*Gustaf Dalén*), das Dynamit (*Alfred Nobel*), das sphärische Kugellager (*Sven Wingquist*), der verstellbare Schraubenschlüssel, der „Engländer" (*J.P. Johansson*), Tetrapak (*Ruben Rausing*).

Schwedens Gesetze zur Presse- und Redefreiheit sind die liberalsten und ältesten der Welt. Die erste Verordnung zur Pressefreiheit wurde schon 1766 erlassen.

BEKANNTE SCHWEDISCHE MARKEN Abba, Absolut Vodka, Ericsson, Hennes & Mauritz, Ikea.

Viele Schweden können neben Schwedisch auch Englisch. Hinzu kommen noch mehrere Minderheitensprachen: Samisch, Tornedalsfinnisch, Romani, Jiddisch. Außerdem sprechen hunderttausende Schweden alles von Persisch, Türkisch und Kurdisch bis Serbokroatisch, Deutsch und Spanisch.

BEKANNTE SCHWEDISCHE WÖRTER UND BEGRIFFE Die schwedische Sünde, Ombudsmann, Smörgåsbord, Stockholm-Syndrom.

Chad Ehlers använder Fuji-film

www.albertbonniersforlag.com

Copyright, fotografier © 2001 Chad Ehlers
Copyright, text © 2001 Örjan Abrahamsson
Översättning till engelska Linda Schenck
Översättning till tyska Regine Elsässer

Albert Bonniers Förlag AB, Stockholm
Redaktion Elisabeth Rinman
Grafisk form Bo Berling
Repro och tryck Graphicom, Vicenza 2006
Fjärde tryckningen
ISBN 91-0-057284-5